Griechisch kochen

klassische und neue Rezepte

> Autor: Reinhardt Hess | Fotos: Rolf Seiffe

Inhalt

Die Theorie

Die Rezepte

Extra

Die Vielfalt einer einfachen, bäuerlichen Küche

Die griechische Küche gehört zu den beliebtesten und besten des Mittelmeerraumes. Aber kennen und lieben lernen werden Sie sie weniger in Hotelküchen oder hier beim »Griechen um die Ecke«, viel eher in den kleinen Tavernen im Land und in den Familien, wo einfach gut und unverkünstelt aufgetischt wird.
Auch hier wandelt sich der Kochstil: Junge Köchinnen und Köche entdecken alte Rezepte wieder neu und verwandeln sie fantasievoll in leichtes, modernes Essen. Von West nach Ost – von Korfu bis Rhodos – und von Nord nach Süd – von Chalkidike bis Kreta – gibt es einiges Neues in den Töpfen zu entdecken.

Essen in Griechenland

Nicht ohne Vorspeise

Ein Tässchen starker Kaffee oder ein Stück Weißbrot ist meist das ganze Frühstück. Kein Wunder also, dass mittags der Magen knurrt. Im Gegensatz zu anderen Mittelmeerländern spielt in Griechenland das Mittagessen eine wichtige Rolle. Vor dem Hauptgericht gibt es erst einmal Mesédes (Vorspeisen). Knoblauchjoghurt mit Gurke (Tsatsiki), Oliven, Schafkäse, gefüllte Weinblätter, marinierte Meeresfrüchte – da kann man sich eigentlich schon satt essen. Wer das vorhat, geht in eine Oúzerie, in der zum Anisschnaps Oúzo eine ganze Reihe kleiner Gerichte angeboten werden.

1 *Eine Auswahl leckerer Vorspeisen leitet jedes griechische Essen ein.*

Am liebsten Gemüse

Salat wird als Zwischengericht oder im Sommer auch als Hauptgericht gegessen. Gebratene, geschmorte oder gefüllte Gemüse sind beliebte Hauptgerichte, keine Beilagen. Auch geschmortes Fleisch, vor allem Lamm und Ziege, aber auch Schweine- und Kalbfleisch wird mittags gern gegessen. Gegrilltes Fleisch gibt es fast nur abends, wenn vor dem Lokal der Holzkohlengrill angezündet wird. Ein ganzer Fisch vom Grill – für viele Urlauber der Inbegriff griechischer Küche – ist selbst an der Küste heute ein Luxus. Das Mittelmeer gibt nicht mehr viel Edelfisch her, so begnügt man sich mit kleinen Fischlein, Tintenfischen und Muscheln, die frittiert oder in Sauce geschmort werden. Abgeschlossen wird das Essen mit frischem Obst. Üppigere Süßigkeiten werden vor allem abends, wenn die Vólta, die Flanierstunde durchs Dorf, beginnt, beim Konditor geholt und beim Spazieren verzehrt.

2 *Zum Dessert gibt es frische Früchte, hier Melone und Feigen.*

Wasser und Wein

Zu allen Mahlzeiten wird Wasser getrunken – aus der Leitung (Karaffa nero) oder aus großen Plastikflaschen. Und meist auch eine Karaffe Wein (Krassí), aus dem Fass oder aus der Flasche. Retsina, der geharzte Weißwein, kommt vor allem aus Attika, wird aber heute in vielen Regionen hergestellt.
Da Wein ein alltägliches Getränk ist, werden vor allem preiswerte Massenweine erzeugt. Aber es gibt bereits eine ganze Reihe von engagierten Winzern, die neben traditionellen Rebsorten wie Assyrtiko und Agiorgitiko auch Chardonnay- und Cabernet-Sauvignon-Reben anpflanzen und inzwischen international anerkannte Weine produzieren.

Wichtige Küchenutensilien

Tapsí: eine runde oder rechteckige, etwa 7 cm hohe Auflaufform aus Ton oder Metall. Die klassischen, nur innen glasierten Ton-Tapsís werden heute noch auf Sifnos hergestellt.
In den Formen werden gefüllte Gemüse oder Fleisch mit Gemüse und Tomatensauce im Ofen gegart. Als es in den Haushalten noch keine Backöfen gab, brachte man die gefüllten Tapsís morgens zum Bäcker, der sie nach den Broten in den nur noch mäßig heißen Ofen schob. Bis zum Mittagessen waren die Gerichte dann fertig.
Als Ersatz eignet sich jede mittelhohe ofenfeste Form – runde sind für gefüllte Gemüse besser geeignet, rechteckige günstiger für Aufläufe, die nach dem Backen in Portionsstücke geteilt werden.

Schmortopf: Da viele Gerichte bei niedriger Hitze lange geschmort werden, bis sie ihr typisches Aroma erhalten, gehört ein Schmortopf zu den wichtigsten Küchenutensilien. Breit sollte er sein, damit die Zutaten nebeneinander und nicht übereinander liegen – so behalten sie ihre Form. Eine Antihaftbeschichtung spart Fett und verhindert das Anhängen. Und wenn der Topf dann noch ofenfest ist, kann auf der Herdplatte angebraten und im Backofen fertig gegart werden. Dazu gehört ein Deckel, im Idealfall aus unglasiertem Ton, der vor dem Auflegen gewässert wird und dafür sorgt, dass der Topfinhalt nicht austrocknet.

Passiersieb: Manche Dips, Suppen und Saucen bekommen erst die richtige cremige Konsistenz, wenn sie nach dem Garen durch ein Passiersieb gestrichen werden. Etwas mühsam, aber auch für vieles andere zu gebrauchen, ist ein Spitzsieb mit passendem Stößel. Eleganter geht es mit einem Passiersieb mit Kurbel, mit dem man gekochtes Gemüse und Tomaten durch einen Siebeinsatz treibt. Auch ein Pürierstab eignet sich für viele Zwecke, allerdings hält er keine faserigen Gemüseteile und keine Tomatenkerne zurück, diese müssen schon vor dem Garen entfernt werden. Wenn der Pürierstab auswechselbare Einsätze hat, lassen sich damit auch Nüsse mahlen, Käse reiben, Eiweiße steif schlagen oder Mayonnaisen rühren.

Griechisch würzen

Oft sind in griechischen Gerichten viele Gewürze vertreten, ohne dass eines deutlich vorschmecken würde. Außer dem Zimt, mit dem nicht nur süße, sondern auch pikante Schmorgerichte und Gemüsefüllungen markant gewürzt werden. Lorbeerblätter, Piment- und Korianderkörner bilden eher einen aromatischen Hintergrund, während Kreuzkümmel mit seinem unverwechselbaren Geschmack eine typische Note einbringt. Zitronenschale und -saft gehören als »i-Tüpfelchen« an viele Gerichte, auch Chilischoten werden häufig verwendet, je nach Vorliebe der Köchin oder des Kochs dezent bis richtig scharf.
An frischen Kräutern wird nie gespart, besonders beliebt sind Petersilie und Dill. Aber auch Oregano, Thymian, Salbei und verschiedene Minzarten werden häufig verwendet, während frisches Basilikum eher zum Mückenvertreiben als zum Würzen gebraucht wird.

1 Petersilie

Glatte Petersilie (Maidanós) würzt fast jedes griechische Gericht. Die Blätter werden gehackt und untergerührt oder über das fertige Essen gestreut. Auch die Stängel werden oft mitgeschmort und vor dem Servieren wieder entfernt.

2 Dill

Das intensiv aromatisch-frische Kraut (Anithos) wird für Fisch, Gemüse, Kalbfleisch und Geflügel mit hellen Saucen sowie für Reisfüllungen verwendet. Früher auch beliebt: die zarten Triebe des wild wachsenden Gewürzfenchels (Márathos).

3 Oregano

Griechischer Oregano (Rigani) ist würziger und harziger im Geschmack, eine besonders eigenwillig schmeckende Sorte wächst auf Kreta. Wird vor allem getrocknet für Salate, Feta-Käse und Schmorgerichte verwendet.

4 Thymian

Frisch oder getrocknet wird Thimári für Gemüse-, Fleisch- und Nudelgerichte genommen. Es gibt verschiedene Arten, am stärksten würzen die Spitzen des wilden Thymians, die beim Schmoren ein rauchiges Aroma ergeben.

Aromatische Grundzubereitungen

Ladera – Schmorgerichte
750 g Gemüse waschen, putzen und ganz lassen oder in große Stücke zerteilen. 2 Zwiebeln und 3 Knoblauchzehen schälen, in feine Scheiben schneiden. 600 g Tomaten kurz überbrühen, häuten und entkernen, in Stücke schneiden. Alles in einen Schmortopf geben, salzen und pfeffern. Mit 5 EL Olivenöl übergießen, erhitzen, bis das Öl leise brodelt. So viel Wasser angießen, dass das Gemüse knapp bedeckt ist. Bei schwacher Hitze zugedeckt etwa 30 Min. garen. Nicht umrühren, den Topf nur leicht rütteln! Mit Petersilie bestreut servieren. Früher wurden die Gemüse in viel Öl so lange gegart, bis sie fast zerfielen, heute wird mit weniger Öl kürzer geschmort.

Lemonato – in Zitronensauce
Für 750 g Kalbfleisch oder 1 kg Hähnchen- oder Ziegenfleisch (in Stücken) 2 Zwiebeln und 3 Knoblauchzehen schälen, fein hacken. Im Schmortopf 3 EL Butter erhitzen und das Fleisch portionsweise anbraten, aber nicht bräunen. Fleisch wieder in den Topf geben, Zwiebeln und Knoblauch 3 Min. mitdünsten (Fleisch und Zwiebeln dürfen höchstens honigfarben werden!). 4 EL Zitronensaft und so viel heißes Wasser zugeben, dass das Fleisch gerade bedeckt ist. Mit Salz, Pfeffer und Oregano würzen. Zugedeckt bei schwacher Hitze 1 Std. garen, Topf ab und zu rütteln. Um die Zitronensauce leicht zu binden, 2 EL Mehl mit kaltem Wasser anrühren, zugießen und aufkochen lassen.

Kokkinisto – in Tomatensauce
Für 750 g Fleisch (Kalb, Lamm, Rind; in großen Stücken) 2 Zwiebeln und 3 Knoblauchzehen schälen, hacken. 750 g Tomaten überbrühen, häuten und durch ein Passiersieb streichen. In einem Schmortopf 4 EL Olivenöl erhitzen, das Fleisch darin etwa 10 Min. rundum leicht bräunen. Zwiebeln und Knoblauch kurz mitbraten. Tomatenpüree, 150 ml Rotwein (ersatzweise Gemüsebrühe + 1 EL Rotweinessig), 1 Zimtstange, 2 Lorbeerblätter, eine Prise Zucker, Salz und Pfeffer zugeben. Bei schwacher Hitze 1 Std. 30 Min. (Kalb, Lamm) bis 2 Std. (Rind) schmoren lassen. Bei Bedarf etwas Wasser angießen, die Sauce soll aber ganz dick werden. Abschmecken und mit Petersilie bestreut servieren.

Saucen und Dips

Zitronensauce Ladolémono

Für 4 Personen 2 große Zitronen auspressen, den Saft durch ein feines Sieb in eine Schüssel gießen. 4 geschälte Knoblauchzehen mit 1 Prise Salz im Mörser fein zerreiben, mit dem Saft verrühren. Nach und nach 100 ml Olivenöl »extra nativ« unterquirlen, bis eine cremige Sauce entsteht. Mit Salz und Pfeffer abschmecken, 1 EL fein gehackte Petersilie (oder 1 fein gehackte Frühlingszwiebel) unterrühren.

Wird zu gegrilltem Fisch, Meeresfrüchten, Schweinefleisch vom Grill und Kalbsbraten gereicht.

Knoblauchsauce Skordália

Für 4 Personen 400 g Kartoffeln schälen, zu Salzkartoffeln kochen. Abgießen, ausdampfen lassen, in einer Schüssel zerstampfen. 7 geschälte Knoblauchzehen, 50 g geschälte Mandeln und eine Prise Salz fein pürieren, untermischen. 3 EL Olivenöl und 4 EL Zitronensaft unterrühren, salzen und pfeffern. Abgekühlt mit etwas Wasser oder Joghurt zu einer halbflüssigen Sauce verrühren.

Als Dip zu rohem Gemüse oder zu gebratenem oder gegrilltem Fisch servieren.

Knoblauchjoghurt Tsatsiki

Für 4 Personen 1/2 Salatgurke waschen und entkernen. Mit der Schale grob raspeln, salzen und 20 Min. ziehen lassen. 400 g griechischen Sahnejoghurt glatt rühren. 3 geschälte Knoblauchzehen im Mörser fein zerdrücken, unterrühren. Gurkenraspel ausdrücken, untermischen, salzen und pfeffern. Zugedeckt 2–3 Std. kalt stellen. Mit schwarzen Oliven garnieren.

Gehört als Dip zu allen Vorspeisen, als Sauce zu gebratenen Auberginen- oder Zucchinischeiben.

Mayonnaise Majonesa

Für 4 Personen 1 TL Senfkörner und eine Prise Salz im Mörser fein zerreiben. 1 sehr frisches Eigelb in einer Schüssel mit 1 EL Zitronensaft verrühren. Senfpulver und eine gute Prise weißen Pfeffer untermischen. Mit dem Schneebesen erst tropfenweise, dann in dünnem Strahl 125 ml Olivenöl »extra nativ« unterschlagen. Die dicke Mayonnaise mit 1 EL Zitronensaft, Salz und Pfeffer abschmecken.

Für Eier-, Fisch- und Meeresfrüchtesalate oder als Dip zu rohem Gemüse.

Würzige Beilagen

Sesambrot

Für 2 Brote 500 g Mehl (Type 550) mit 1 TL Salz und 1/2 Pkg. Trockenhefe mischen, 400 ml lauwarmes Wasser unterrühren, den Teig kräftig kneten. Zugedeckt 4 Std. an einem warmen Ort gehen lassen. Den Teig nochmals durchkneten, 2 Fladen daraus formen. Auf ein Backblech mit Backpapier legen, mit dem Messerrücken ein rautenförmiges Muster eindrücken. 4 EL Milch mit 1 TL Mehl verrühren, die Fladen damit bestreichen. Mit 2 EL Sesamsamen bestreuen und noch 30 Min. gehen lassen. Backofen auf 240° vorheizen. 15 Min. backen (Mitte, Umluft 220°), bis die Oberfläche gebräunt ist.

Das Sesambrot passt zu allen Vorspeisen und Schmorgerichten.

Ofenkartoffeln

Für 4 Personen 750 g fest kochende Kartoffeln waschen, in der Schale in Salzwasser etwa 20 Min. kochen. Abgießen und abkühlen lassen. Die Kartoffeln pellen und längs vierteln. Den Backofen auf 200° vorheizen. Eine Auflaufform (Tapsí) mit Olivenöl ausstreichen, die Kartoffeln darin verteilen. Mit Salz, Pfeffer und zerriebenem Oregano würzen. 100 ml Gemüsebrühe und 3 EL Olivenöl darüber gießen. 20–30 Min. backen (Mitte, Umluft 180°), bis die Kartoffeln leicht gebräunt sind.

Die Ofenkartoffeln schmecken als Beilage zu gegrilltem Fisch, zu Gemüsegerichten und allen Fleischgerichten vom Grill oder aus dem Backofen.

Griechischer Reis

Für 4 Personen 5 Tassen Gemüsebrühe erhitzen. In einem Schmortopf 50 g Butter aufschäumen lassen. 2 Tassen Langkornreis (kein Parboiled-Reis!) einrühren, 2–3 Min. glasig dünsten. Heiße Gemüsebrühe angießen, salzen und pfeffern. Aufkochen lassen, dann die Hitze ganz klein schalten. Wenn die Brühe nicht mehr kocht, den Deckel auflegen und den Reis 15–20 Min. ausquellen lassen. Den Topf vom Herd nehmen, eine doppelte Lage Küchenpapier zwischen Topf und Deckel spannen, damit die Feuchtigkeit aufgesogen wird, noch 10 Min. ruhen lassen.

Der saftige Reis passt zu allen Fisch- und Fleischgerichten aus dem Schmortopf oder vom Grill.

Kleine Desserts

Walnuss-Honig auf Joghurt
Karidi glika me jaúrti

Für 4 Personen 125 g frische Walnüsse in der Schale knacken, die Kerne auslösen und in grobe Stücke brechen, möglichst viel von den braunen Häutchen abziehen (oder 50 g Walnusskerne zerteilen). 125 g Wildblütenhonig vorsichtig auf etwa 50° erwärmen, die Walnussstücke einrühren und den Topf vom Herd nehmen. Den Walnuss-Honig abkühlen lassen. 400 g gut gekühlten griechischen Sahnejoghurt cremig rühren, in Portionsschälchen füllen. Den Honig mit den Walnusskernen darüber verteilen.

Der Walnuss-Honig ist eine Spezialität von Korfu. In Schraubgläser gefüllt hält er sich kühl und dunkel etwa 3 Monate.

Frischkäsetaschen mit Honig
Tirópita Sfakjána

Für 4 Personen 250 g Mehl mit einer Prise Salz, 150 ml Wasser und 4 EL Olivenöl gut verkneten, 2 Std. ruhen lassen.

In 4 Stücke teilen, auf wenig Mehl zu dünnen Fladen ausrollen (die Ränder sollen dünner sein als die Mitte). 200 g Frischkäse (möglichst Ziegen- oder Schaffrischkäse) darauf verteilen, die Teigränder rundum über den Frischkäse klappen und die Stücke zu dünnen, runden Fladen (etwa 12–14 cm Ø) ausrollen.

In einer Pfanne mit wenig Öl bei mittlerer Hitze auf jeder Seite in etwa 5 Min. hellbraun braten. Auf jede Frischkäsetasche 2 EL hellen, flüssigen Honig träufeln und heiß servieren.

Äpfel mit Kumquat-Likör
Míla me Kum-Kuat

Für den Likör 50 g Kumquats (Zwergorangen) heiß waschen, mit einer Nadel rundum einstechen. Mit 100 ml reinem Alkohol (90 %ig, Apotheke) übergießen und dunkel 10–14 Tage ziehen lassen. Den Extrakt durch einen Kaffeefilter seihen. 100 g Zucker mit 150 ml Wasser aufkochen, abkühlen lassen, mit dem Extrakt vermischen. Gut verschlossen ein paar Tage ziehen lassen.

Für 4 Personen 4 Äpfel schälen und in Spalten schneiden, die Kerngehäuse entfernen. Auf Tellerchen verteilen, jeweils 1 TL Zucker darüber streuen und mit etwas Likör beträufeln.

Der »Kum-Kuat«-Likör ist ein typisches Erzeugnis von Korfu und hält sich monatelang.

Birnenkompott
Achládia gliká

Für 4 Personen 400 g ganz kleine, feste Birnen schälen und halbieren (größere Birnen vierteln). Mit einem Kugelausstecher die Kerngehäuse entfernen. Birnen sofort in Wasser mit Zitronensaft legen, damit sie sich nicht verfärben.
175 g Zucker mit 350 ml Wasser und 2 EL Zitronensaft aufkochen, die Birnenstücke abtropfen lassen und in die Zuckerlösung legen. Offen 10–15 Min. leise kochen lassen, bis die Birnen gar, aber nicht zu weich sind. Topf vom Herd nehmen und die Birnen im Sud abkühlen lassen. Auf Tellerchen verteilen und mit etwas Zimtpulver bestreut servieren.
Üppigere Variante: Sahnejoghurt mit etwas Zucker cremig rühren und über die Birnen geben.

Überbackene Äpfel
Glikisma me míla

Für 4 Personen 100 g Löffelbiskuits zerkrümeln. Eine runde Auflaufform (Tapsí) mit Butter ausstreichen, die Biskuitbrösel darin verteilen.
Backofen auf 225° vorheizen.
4 Äpfel schälen, Kerngehäuse ausstechen. Äpfel in Scheiben schneiden, jeweils eine Scheibe mit etwas Aprikosenkonfitüre bestreichen und mit einer zweiten zusammensetzen. In die Form einschichten. Die Äpfel mit 350 ml Milch übergießen und 2 EL Zucker darüber streuen.
Im heißen Ofen (Mitte, Umluft 200°) in 20–25 Min. goldbraun backen. Warm oder abgekühlt servieren. Dazu passt leicht gesüßte, halbsteif geschlagene Sahne.

Mandelmakronen
Amigdalota

Für 30 Stück 200 g Marzipanrohmasse zerdrücken. 2 Eiweiße, 40 g Puderzucker und 2 TL geriebene Zitronenschale unter das Marzipan rühren, etwa 80 g Semmelbrösel untermischen. Im Kühlschrank 30 Min. quellen lassen.
Backofen auf 180° vorheizen. Mit zwei Teelöffeln etwa 30 walnussgroße Kugeln aus der Marzipanmasse formen, auf ein mit Backpapier belegtes Backblech legen. 2 EL Mandelblättchen auf den Makronen verteilen, im heißen Ofen (Mitte, Umluft 160°) in 15–20 Min. goldgelb backen. Auf dem Backblech abkühlen lassen. Die Makronen als kleine Knabberei zu griechischem Dessertwein (Samos, Mavrodáfne) servieren.

Vorspeisen und Salate

Gemüse, Joghurt und Feta-Käse sind die wichtigsten Zutaten für die »Mesédes«, die Vorspeisen, die nicht nur vor einem Hauptgericht gegessen werden. Griechen unterbrechen auch gern ihren Tagesablauf durch einen kleinen Imbiss in einer Oúzerie, wo es immer eine Anzahl dieser kleinen Gerichte gibt. Dazu wird Oúzo, der Anisschnaps, mit eiskaltem stillem Wasser verdünnt, getrunken. Es gilt die Regel: Trinke nie alkoholische Getränke ohne wenigstens ein kleines Häppchen dazu zu essen, sonst werden die Götter erzürnt. Sicher keine schlechte Gewohnheit.

Blitzrezepte

Petersilien-Dip

Maïntáno salata

FÜR 4 PERSONEN

➤ **200 g vorwiegend fest kochende Kartoffeln | 3 Knoblauchzehen 3 EL Zitronensaft | 3 EL Olivenöl ca. 150 g griechischer Sahnejoghurt (10 % Fett) | 5 EL fein gehackte Petersilie | Salz | Pfeffer**

1 | Die Kartoffeln als Pellkartoffeln kochen, abgießen. Pellen und durch die Kartoffelpresse drücken, ausdampfen lassen.

2 | Den Knoblauch schälen und zu den Kartoffeln pressen. Mit Zitronensaft, Olivenöl und so viel Joghurt verrühren, dass eine dickflüssige Sauce entsteht. Petersilie untermischen und mit Salz und Pfeffer abschmecken. Etwas ziehen lassen.

Tomaten-Gurken-Salat

Angurodomáta

FÜR 4 PERSONEN

➤ **600 g reife Tomaten | 1 Salatgurke (etwa 500 g) | 1/2 Bund Petersilie 3 Zweige frische Minze | Salz | Pfeffer 8 EL Olivenöl »extra nativ«**

1 | Den Stielansatz der Tomaten entfernen, die Tomaten achteln. Gurken streifig schälen, längs vierteln und quer in 3 cm lange Stücke schneiden.

2 | Petersilie und Minze waschen und trockenschütteln, die Blättchen grob hacken. Tomaten und Gurken auf tiefe Teller verteilen, salzen und pfeffern. Mit Kräutern bestreuen und mit Olivenöl beträufeln. Gleich servieren.

von Kreta

Kichererbsenpüree

Hummous

FÜR 4 PERSONEN

- **2 Tassen Kichererbsen (250 g)**
- **evtl. 1 Msp. Speisenatron**
- **6 Knoblauchzehen**
- **Salz**
- **1 Bund gemischte Kräuter (Petersilie, Thymian, Oregano)**
- **6 EL Zitronensaft**
- **6 EL Olivenöl**
- **200 g griechischer Sahnejoghurt (10 % Fett)**
- **Pfeffer**
- **1 TL rosenscharfes Paprikapulver**
- **2 EL grob gehackte Petersilie**

Zubereitung: 25 Min.
Einweichzeit: 12 Std.
Abkühlzeit: 2 Std.
Pro Portion ca.: 340 kcal

1 | Kichererbsen über Nacht in reichlich Wasser einweichen (bei hartem Wasser Speisenatron zugeben). Im offenen Topf bei mittlerer Hitze langsam aufkochen, 5 Min. kochen lassen. Herdplatte abschalten und die Kichererbsen zugedeckt 2 Std. ziehen und abkühlen lassen.

2 | Die Kichererbsen abgießen und abtropfen lassen. Durch ein Passiersieb streichen oder fein pürieren. Knoblauch schälen und mit etwas Salz im Mörser zerreiben. Zu den Kichererbsen geben. Kräuter waschen und trockenschütteln, die Blättchen fein hacken. Mit Zitronensaft, der Hälfte des Olivenöls und dem Joghurt unter das Püree mischen. Salzen, pfeffern und cremig rühren.

3 | Den Hummous in ein Schüsselchen füllen, mit einem Esslöffel eine Mulde eindrücken. Das restliche Olivenöl darüber gießen. Mit Paprikapulver und gehackter Petersilie garnieren.

von Korfu | raffiniert

Tunfischsalat

Saláta tónnos

FÜR 4 PERSONEN

- **160 g Tunfisch naturell**
- **1 EL Olivenöl**
- **2 Knoblauchzehen**
- **1 EL Kapern**
- **ca. 100 g griechischer Sahnejoghurt (10 % Fett)**
- **Salz | Pfeffer**
- **1 TL Zitronensaft**
- **1 EL gehackter Dill**
- **Zitronenscheiben und schwarze Oliven zum Garnieren**

Zubereitung: 15 Min.
Pro Portion ca.: 90 kcal

1 | Den Tunfisch in einem Sieb gut abtropfen lassen. In ein Schüsselchen geben, mit dem Olivenöl fein zerdrücken und cremig rühren.

2 | Den Knoblauch schälen und zur Tunfischcreme pressen. Die Kapern fein hacken und mit dem Joghurt unterrühren (es soll eine dickflüssige Masse entstehen). Mit Salz, Pfeffer und Zitronensaft abschmecken und den gehackten Dill untermischen. Mit Zitronenscheiben und Oliven garniert servieren.

TIPP

Noch besser mit Tunfisch in Olivenöl: Mit dem Öl zerdrücken und verrühren und gut gekühlt servieren.

im Bild vorne: Tunfischsalat *im Bild hinten:* Kichererbsenpüree ➤

ΚΑΤΑ ΠΑΡΑΔΟΣΗ
INHALT
e0,25 Lit

schnell | würzig

Tomaten mit Käsecreme

Domátes me tirosaláta

FÜR 4 PERSONEN

- **300 g Kirschtomaten**
- **Salz**
- **100 g Schafkäse (Feta)**
- **ca. 75 g griechischer Sahnejoghurt (10 % Fett)**
- **1 Frühlingszwiebel**
- **1 Knoblauchzehe**
- **1 TL Zitronensaft**
- **1/2 TL edelsüßes Paprikapulver**
- **1 Prise Cayennepfeffer**

Zubereitung: 25 Min.
➤ Pro Portion ca.: 85 kcal

1 | Die Tomaten waschen und oben einen Deckel abschneiden. Die Tomaten mit einem Kugelausstecher aushöhlen, innen salzen und mit der Öffnung nach unten auf Küchenpapier abtropfen lassen.

2 | Den Schafkäse in eine Schüssel bröckeln und mit einer Gabel fein zerbröseln. Nach und nach so viel Joghurt untermischen, bis eine dickcremige Masse entsteht.

3 | Die Frühlingszwiebel waschen und putzen, den hellen Teil sehr fein würfeln, zu der Creme geben. Knoblauch schälen und dazupressen. Mit Zitronensaft, Paprikapulver und Cayennepfeffer würzen (Salz ist nicht nötig).

4 | Die Tomaten mit einem Teelöffel mit der Käsecreme füllen und auf einer Platte anrichten. Das Grün der Frühlingszwiebel in Ringe schneiden und darüber streuen.

von Tinos | raffiniert

Tomatenbällchen

Domátes Chéres

FÜR 4 PERSONEN

- **16 getrocknete Tomaten**
- **1 kleines Ei (Größe S)**
- **100 ml Milch**
- **1 EL Olivenöl**
- **100 g Mehl**
- **Salz | weißer Pfeffer**
- **Olivenöl zum Ausbacken**
- **Zitronenachtel**

Zubereitung: 20 Min.
Ruhezeit: 30 Min.
➤ Pro Portion ca.: 220 kcal

1 | Die Tomaten gut waschen, mit reichlich heißem Wasser übergießen und 30 Min. (sehr harte bis zu 1 Std.) quellen lassen, bis sie weich sind.

2 | In dieser Zeit das Ei in einer Schüssel verquirlen. Milch und Olivenöl unterrühren, das Mehl langsam zugeben und zu einem dickflüssigen Teig verrühren. Mit Salz und Pfeffer würzen, 20–30 Min. ruhen lassen.

3 | Die eingeweichten Tomaten abgießen und mit Küchenpapier trockentupfen.

4 | In einem Topf 5 cm hoch Olivenöl auf mittlerer Stufe erhitzen, bis die Oberfläche unruhig wird und an einem hineingetauchten Holzstäbchen Bläschen aufsteigen.

5 | Die Tomaten mit einer Gabel durch den Teig ziehen und portionsweise im Öl auf beiden Seiten hellbraun ausbacken. Die fertigen Tomatenbällchen herausheben und auf Küchenpapier entfetten. Heiß mit Zitronenachteln garniert servieren.

im Bild vorne: **Tomatenbällchen** *im Bild hinten:* **Tomaten mit Käsecreme** ➤

CAVINO
ROMIOS
OUZO
40%VOL.

von den Sporaden

Gefüllte Peperoni

Piperiés jemistés

FÜR 4 PERSONEN

- 1 Brötchen vom Vortag
- 600 g milde hellgrüne, längliche Peperoni (Carliston oder Sivri, ersatzweise Spitzpaprika)
- 200 g Schafkäse (Feta)
- 2 Knoblauchzehen
- 1 Ei
- Salz | Pfeffer
- 6 EL Olivenöl

Zubereitung: 35 Min.
Pro Portion ca.: 285 kcal

1 | Das Brötchen entrinden und in kaltem Wasser einweichen. Die Peperoni waschen, den Stielansatz abschneiden. Die Schoten mit einem langen Messer mit schmaler Klinge vorsichtig aushöhlen. Gründlich ausspülen, abtropfen lassen.

2 | Den Schafkäse in eine Schüssel bröckeln. Knoblauch schälen und dazupressen. Das Brötchen fest ausdrücken, mit dem Ei zum Käse geben. Mit einer Gabel gut vermischen, salzen und pfeffern. Die Schoten mit der Schafkäsemischung füllen (nicht ganz voll stopfen!).

3 | Backofen auf 175° (Umluft 160°) vorheizen. Das Olivenöl in einer Pfanne erhitzen. Bei mäßiger Hitze die Schoten in etwa 10 Min. rundum bräunen. Aus der Pfanne heben und schräg mit der Öffnung nach oben in eine flache Form schichten, mit dem Öl aus der Pfanne beträufeln und im heißen Ofen (Mitte) noch etwa 10 Min. ziehen lassen. Warm in der Form servieren.

vegetarisch

Gefüllte Weinblätter

Dolmadákja me feta

FÜR 4 PERSONEN

- 250 g Schafkäse (Feta)
- 16 eingelegte Weinblätter (Glas oder Packung)
- 1 TL getrockneter Oregano
- Pfeffer
- 4 EL Olivenöl
- Zitronenviertel

Zubereitung: 25 Min.
Pro Portion ca.: 220 kcal

1 | Den Backofen auf 225° (Umluft 200°) vorheizen. Den Schafkäse abspülen und abtropfen lassen, in 16 fingerdicke Stücke schneiden.

2 | Die Weinblätter abspülen, auf der Arbeitsfläche ausbreiten. Je 1 Käsestück auf die Blätter legen und mit etwas Oregano und Pfeffer bestreuen. Die seitlichen Blattränder über den Käse falten, aufrollen und zu einem Päckchen wickeln.

3 | Eine flache Gratinform mit etwas Olivenöl ausstreichen, die Päckchen dicht nebeneinander hineinlegen und die Oberfläche mit Olivenöl bepinseln. Im heißen Ofen (Mitte) 12–15 Min. backen, bis die Blätter knusprig sind. Heiß mit Zitronenvierteln servieren.

TIPP Wenn der Feta-Käse sehr salzig ist, 1–2 Std. in kaltes Wasser legen, dann abtropfen lassen.

im Bild vorne: **Gefüllte Peperoni** *im Bild hinten:* **Gefüllte Weinblätter**

von Kreta | preiswert

Spinat-Käse-Taschen

Kalitsunia

FÜR 8 STÜCK

- **Für den Filloteig:**
  - **250 g Mehl**
  - **1 TL Salz**
  - **6 EL Olivenöl**
- **Für die Füllung:**
  - **500 g Spinat**
  - **150 g griechischer Frischkäse (Mizíthra; ersatzweise 100 g Feta-Käse und 50 g Sahnequark)**
  - **Salz | Pfeffer**
  - **Olivenöl zum Braten**

Zubereitung: 45 Min.
➤ Pro Stück ca.: 230 kcal

1 | Mehl mit Salz, Olivenöl und 100 ml Wasser zu einem geschmeidigen Teig verkneten. In Folie wickeln und 20 Min. ruhen lassen.

2 | Spinat waschen. 2–3 Min. in kochendem Salzwasser blanchieren. In ein Sieb gießen und kalt überbrausen. Auspressen und hacken, mit dem Frischkäse vermischen, salzen und pfeffern.

3 | Den Teig in 8 Portionen teilen, auf wenig Mehl zu Quadraten von 15 x 15 cm ausrollen (die Ränder dünner als die Mitte). Die Füllung darauf geben. Die Teigränder mit Wasser bestreichen, die Ecken zur Mitte einschlagen (wie bei einem Briefumschlag) und festdrücken.

4 | In einer Pfanne 1 cm hoch Öl auf mittlerer Stufe erhitzen. Die Taschen auf jeder Seite in etwa 5 Min. hellbraun braten. Heiß servieren.

von den ionischen Inseln

Forellen mit Knoblauchsauce

Pestrófa me skordália

FÜR 4 PERSONEN

- **200 g vorwiegend fest kochende Kartoffeln**
  - **Salz**
  - **2 ganze Räucherforellen mit Haut**
  - **7 Knoblauchzehen**
  - **20 g Walnüsse**
  - **20 g geschälte Mandeln**
  - **1 Eigelb**
  - **ca. 4 EL Milch**
  - **Pfeffer**

Zubereitung: 45 Min.
➤ Pro Portion ca.: 215 kcal

1 | Kartoffeln waschen, ungeschält in Salzwasser aufsetzen und zugedeckt 25–30 Min. kochen. Abgießen und ausdampfen lassen.

2 | Währenddessen die Forellen häuten, die Filets vorsichtig von den Gräten lösen und kalt stellen. Haut und Gräten mit Wasser bedecken, bei mittlerer Hitze auf etwa 100 ml einkochen lassen.

3 | Knoblauch schälen und mit einer Prise Salz im Mörser zerreiben. Die Kartoffeln pellen, ebenfalls im Mörser zerdrücken. Walnüsse und Mandeln fein mahlen. Alles zu einer Paste vermischen. Fischfond durch ein Sieb dazugießen und unterrühren. Eigelb und so viel Milch untermischen, dass eine glatte Sauce entsteht. Mit Salz und Pfeffer abschmecken.

4 | Die Forellenfilets auf Tellern anrichten, jeweils einen Klecks Knoblauchsauce darauf geben.

im Bild vorne: **Forellen mit Knoblauchsauce** *im Bild hinten:* **Spinat-Käse-Taschen** ➤

von Korfu | scharf

Weißkohlsalat

Saláta korfiotu

FÜR 4 PERSONEN

- 800 g zarter Weißkohl
- 2 frische grüne Chilischoten
- 3 mittelgroße Möhren
- Salz
- 4 Knoblauchzehen
- Pfeffer
- 3 EL milder Weißweinessig
- 4 EL Olivenöl »extra nativ«

Zubereitung: 30 Min.
Pro Portion ca.: 75 kcal

1 | Den Weißkohl waschen, putzen, achteln und in knapp 1 cm breite Streifen schneiden. Chilischoten putzen, in 1 cm breite Ringe schneiden (dabei die Kerne entfernen). Möhren schälen und in dünne Scheiben schneiden.

2 | Alles in einen Topf geben, salzen und knapp mit Wasser bedecken. Aufkochen und zugedeckt bei schwacher Hitze 10 Min. köcheln lassen. Den Topf vom Herd nehmen und das Gemüse im Sud abkühlen lassen.

3 | Den Knoblauch schälen und fein hacken. Das Gemüse abtropfen lassen und auf Portionsteller verteilen, salzen und pfeffern. Mit dem gehackten Knoblauch bestreuen, mit Essig und Olivenöl beträufeln und gleich servieren.

vom Peloponnes

Kartoffel-Orangen-Salat

Patatosaláta Peloponísies

FÜR 4 PERSONEN

- 700 g fest kochende Kartoffeln
- Salz
- 2 Orangen
- 2 große Tomaten
- 2 milde weiße Zwiebeln
- 50 g schwarze Oliven (Kalamata-Oliven)
- 3 EL milder Weißweinessig
- Pfeffer
- 1/2 TL getrockneter Oregano
- 6 EL Olivenöl »extra nativ«

Zubereitung: 45 Min.
Pro Portion ca.: 245 kcal

1 | Die Kartoffeln waschen, ungeschält in Salzwasser aufsetzen und zugedeckt 25–30 Min. kochen. Abgießen und ausdampfen lassen.

2 | Die Orangen mit einem scharfen Messer bis ins Fruchtfleisch schälen (dabei den Saft auffangen). Die Tomaten waschen, die Stielansätze entfernen. Die Zwiebeln schälen.

3 | Die Kartoffeln pellen. Alle vorbereiteten Zutaten in 1/2 cm dicke Scheiben schneiden, die Zwiebelscheiben zu Ringen aufblättern. Alles dachziegelartig auf Tellern auslegen. Die Oliven darüber verteilen.

4 | Essig, Salz, Pfeffer und etwas zerriebenen Oregano mit einer Gabel verquirlen, Olivenöl untermischen. Die Sauce über den Salat träufeln und gleich servieren.

TIPP Diesen Kartoffelsalat nehmen Bäuerinnen der Mani (Peloponnes) als Brotzeit zur Feldarbeit mit. In eine Dose gefüllt eignet er sich auch als Büroimbiss oder fürs Picknick.

im Bild vorne: **Kartoffel-Orangen-Salat** *im Bild hinten:* **Weißkohlsalat**

Suppen und Gemüse

Griechen lieben üppiges Grün auf dem Teller. In keinem anderen Mittelmeerland wird so viel Gemüse gegessen. Die vielen fleischlosen Gerichte hängen nicht nur mit den unzähligen Fastentagen der orthodoxen Kirche zusammen, sondern auch mit der angeborenen Vorliebe der Griechen für Gemüse, das nicht nur als Beilage, sondern als Hauptgericht gegessen wird. Aber Geduld bei der Zubereitung ist nötig, denn nur durch langes Schmoren in Olivenöl erhält es das typische Aroma. Auch die Suppen, vor allem die mit Hülsenfrüchten, gelten mit reichlich Brot eher als Hauptgericht denn als Appetitwecker.

Blitzrezepte

Kichererbsensuppe

Súpa revíthia

FÜR 4 PERSONEN

➤ 2 Zwiebeln | 3 EL Olivenöl
2 Dosen Kichererbsen (à 240 g)
1/2 l Gemüsebrühe | Salz | Pfeffer
2 EL Zitronensaft

1 | Die Zwiebeln schälen und sehr fein hacken. In einem großen Topf Olivenöl erhitzen, die Zwiebeln bei mäßiger Hitze in etwa 7 Min. hellgelb dünsten.

2 | Kichererbsen in einem Sieb überbrausen und abtropfen lassen, zu den Zwiebeln geben und kurz andünsten. Brühe aufgießen und 5 Min. kochen lassen. Salzen und pfeffern. Auf Teller verteilen und mit Zitronensaft beträufeln.

Geschmorter Lauch

Prássa kokkinistá

FÜR 4 PERSONEN

➤ 750 g Lauch | 150 g Möhren
je 1 EL gehackte Petersilie, Dill und frische Minze | Salz | Pfeffer
6 EL Olivenöl | 1 EL Zitronensaft

1 | Lauch putzen, längs aufschneiden und waschen. Schräg in 5 cm lange Stücke schneiden. Möhren schälen und in dünne Scheiben schneiden.

2 | Gemüse in einen breiten Topf legen, mit Kräutern, Salz und Pfeffer bestreuen. Olivenöl und 200 ml Wasser darüber gießen, aufkochen lassen. Zugedeckt bei schwacher Hitze 45 Min. garen. Mit Zitronensaft, Salz und Pfeffer abschmecken.

braucht etwas Zeit

Hühnersuppe mit Klößchen

Kotósoupa

FÜR 4 PERSONEN

- **1 kg Hühnerklein**
- **2 Bund Suppengrün**
- **2 Stangen Staudensellerie**
- **1 Zwiebel**
- **2 Knoblauchzehen | Salz**
- **1 unbehandelte Zitrone**
- **2 Eier**
- **ca. 2 EL Semmelbrösel**
- **Pfeffer | Muskatnuss**
- **75 g Reis**
- **je 1 EL gehackte Zitronenmelisse und frischer Oregano**

Zubereitung: 35 Min.
Garzeit: 2 Std.
Pro Portion ca.: 460 kcal

1 | Hühnerklein waschen, die Bürzel entfernen. In 1 1/2 l Wasser aufkochen lassen, den Schaum abschöpfen. Suppengrün und Sellerie waschen, klein schneiden. Zwiebel und Knoblauch schälen, in Stücke schneiden, alles in die Brühe geben, salzen und bei schwacher Hitze zugedeckt 2 Std. leise simmern lassen.

2 | Brühe absieben. Fleisch von den Knochen lösen (Haut wegwerfen) und durch den Fleischwolf drehen oder pürieren. Etwa 1 TL Zitronenschale abreiben, zum Fleisch geben. Eier trennen, Eiweiße und Semmelbrösel untermischen, mit Salz, Pfeffer und Muskat würzen.

3 | Brühe aufkochen, den Reis darin 10 Min. köcheln lassen, umrühren. Aus der Fleischmasse kleine Klößchen formen. In der Brühe bei kleiner Hitze 7–10 Min. ziehen lassen, bis der Reis gar ist.

4 | Zitrone auspressen, den Saft mit den Eigelben verquirlen. Etwas heiße Brühe zugeben, die Mischung in die Suppe rühren, nicht mehr kochen lassen. Mit Kräutern bestreut servieren.

preiswert | vegetarisch

Tomatensuppe mit Nudeln

Domátosupa me kritharáki

FÜR 4 PERSONEN

- **500 g reife Tomaten**
- **1 Zwiebel**
- **2 Knoblauchzehen**
- **1 Möhre**
- **1 Stange Staudensellerie**
- **2 EL Olivenöl**
- **1/2 l Gemüsebrühe**
- **Salz | Pfeffer**
- **150 g Reisnudeln (Kritharáki)**
- **1 EL gehackte Petersilie**

Zubereitung: 25 Min.
Garzeit: 30 Min.
Pro Portion ca.: 215 kcal

1 | Tomaten waschen, ohne Stielansätze würfeln. Zwiebel, Knoblauch und Möhre schälen, Sellerie waschen, alles in kleine Stücke schneiden.

2 | Olivenöl erhitzen, bei mäßiger Hitze Zwiebeln, Knoblauch, Möhren und Sellerie in etwa 7 Min. hell andünsten. Tomaten und Brühe zugeben, aufkochen und zugedeckt bei kleiner Hitze 30 Min. garen.

3 | Die Suppe durch ein Sieb streichen, salzen und pfeffern. Zum Kochen bringen, die Reisnudeln darin etwa 12 Min. garen, öfter umrühren. Mit Petersilie bestreut servieren.

im Bild vorne: **Hühnersuppe mit Klößchen** *im Bild hinten:* **Tomatensuppe mit Nudeln**

preiswert | vegetarisch

Dicke Bohnen aus dem Ofen

Gígandes plakí

FÜR 4 PERSONEN

- 400 g getrocknete dicke weiße Bohnen
  1 kg Tomaten
  2 Zwiebeln
  4 Knoblauchzehen
  1 Stange Staudensellerie
  4 EL Olivenöl
  100 ml Gemüsebrühe
  2 EL Tomatenmark
  Salz | Pfeffer
  3 EL gehackte frische Kräuter (Thymian, Dill, Salbei, Minze)

Zubereitung: 30 Min.
Einweichzeit: mind. 14 Std.
Garzeit: 2 Std. 30 Min.
- Pro Portion ca.: 385 kcal

1 | Die Bohnen 14 Std. in Wasser einweichen. In frischem Wasser in etwa 1 Std. 30 Min. fast gar kochen.

2 | Stielansätze der Tomaten entfernen. Tomaten überbrühen, häuten, 2/3 davon entkernen und würfeln, Rest in Scheiben schneiden.

3 | Zwiebeln und Knoblauch schälen, Staudensellerie waschen. Alles sehr fein hacken. In einem großen Topf in 2 EL Olivenöl bei mäßiger Hitze 7 Min. andünsten, Tomatenwürfel zugeben und 10 Min. offen schmoren lassen. Brühe, Tomatenmark und abgetropfte Bohnen unterrühren, mit Salz, Pfeffer und gehackten Kräutern würzen. 5–10 Min. schmoren lassen.

4 | Backofen auf 175° (Umluft 160°) vorheizen. Topfinhalt in eine flache Form (Tapsí) füllen. Mit den Tomatenscheiben belegen, restliches Öl darüber träufeln und im Ofen (Mitte) 30 Min. garen.

von Sifnos | vegetarisch

Geschmorte Auberginen

Melitsánes tu tapsiú

FÜR 4 PERSONEN

- 2 große Auberginen (je 350 g)
  Salz
  600 g reife Tomaten
  2 Zwiebeln
  5 Knoblauchzehen
  4 EL Olivenöl
  50 ml Gemüsebrühe
  je 2 EL gehackte Petersilie und frischer Oregano
  1 Lorbeerblatt
  Pfeffer

Zubereitung: 30 Min.
Garzeit: 1 Std.
- Pro Portion ca.: 135 kcal

1 | Auberginen längs halbieren, die Hälften längs im Abstand von 1 cm bis fast zum Stielansatz einschneiden. In Salzwasser 5 Min. kochen, abtropfen lassen. In eine Form (Tapsí) legen und auffächern. Ofen auf 175° (Umluft 160°) vorheizen.

2 | Stielansätze der Tomaten entfernen. Tomaten kurz überbrühen, häuten, entkernen und würfeln. Zwiebeln und Knoblauch schälen, fein hacken. 2 EL Olivenöl erhitzen, Zwiebeln und Knoblauch bei mäßiger Hitze in etwa 7 Min. glasig dünsten. Tomaten, Brühe, Kräuter und Lorbeerblatt unterrühren, salzen und pfeffern. Über die Auberginen gießen, mit dem restlichen Öl beträufeln. Im Ofen (Mitte) etwa 1 Std. backen.

im Bild vorne: Geschmorte Auberginen *im Bild hinten:* Dicke Bohnen aus dem Ofen ➤

von Syros

Auberginen mit Hackfleisch

Melitsánes paputsákia

FÜR 4 PERSONEN

- 2 große Auberginen (je 500 g)
- 4 EL Olivenöl
- 2 Zwiebeln
- 2 Knoblauchzehen
- 250 g Schweinehackfleisch
- 1 EL Tomatenmark
- 2 EL gehackte Petersilie
- Salz | Pfeffer
- je 1 TL Oregano und Zimtpulver
- 2 EL Butter
- 2 EL Mehl
- 300 ml Milch
- 75 g geriebener Hartkäse (Kefalotíri; ersatzweise Parmesan)
- Muskatnuss
- 2 reife Tomaten

Zubereitung: 1 Std.
Garzeit: 30 Min.
Pro Portion ca.: 480 kcal

1 | Auberginen waschen, längs halbieren und das Fruchtfleisch kreuzweise einschneiden. 3 EL Öl in einer Pfanne erhitzen, die Auberginen auf den Schnittflächen bei mittlerer Hitze 7–10 Min. gut bräunen, wenden und 7 Min. weiterbraten. Etwas abkühlen lassen.

2 | Das Fruchtfleisch aus den Auberginen kratzen und hacken, die Auberginenhälften beiseite legen. Zwiebeln und Knoblauch schälen und fein hacken und im restlichen Öl in der Pfanne mit dem Hackfleisch bei mittlerer Hitze etwa 5 Min. anbraten. Auberginenfleisch und Tomatenmark zugeben, kurz mitdünsten. Petersilie untermischen, mit Salz, Pfeffer, Oregano und Zimt würzen. Die Hackmasse in die Auberginenhälften füllen, in eine flache Form setzen.

3 | Für die Béchamelsauce die Butter bei mittlerer Hitze zerlassen, Mehl einstreuen und aufschäumen lassen. Topf vom Herd nehmen, 3 Min. abkühlen lassen. Milch aufgießen, unter ständigem Rühren aufkochen und 5 Min. leise köcheln lassen, bis die Sauce gebunden ist. Topf vom Herd nehmen, Sauce etwas abkühlen lassen. 2/3 des Käses untermischen. Mit Salz, Pfeffer und Muskat würzen, über die Hackfleischfülle gießen.

4 | Backofen auf 190° (Umluft 175°) vorheizen. Stielansätze der Tomaten entfernen. Tomaten überbrühen, häuten und in Scheiben schneiden. Auf die Auberginen legen, den restlichen Käse darüber streuen. Im Ofen (Mitte) in etwa 30 Min. goldbraun backen.

VARIANTE:

Für eine **Musaka** die Auberginen in etwa 1 cm dicke Scheiben schneiden, mit etwas Salz bestreuen und ziehen lassen. Mit Küchenpapier trockentupfen und auf beiden Seiten in heißem Öl goldbraun braten. Eine flache Form mit der Hälfte der Scheiben auslegen. Die Hackmasse darüber verteilen, mit den restlichen Auberginen bedecken und mit Béchamelsauce übergießen. Mit Käse bestreut in etwa 45 Min. goldbraun backen.

vegetarisch | raffiniert

Gemüse-Bauernteller

Horiatíko piáto

FÜR 4 PERSONEN

- 2 Auberginen (je 250 g)
- 600 g bunte Paprikaschoten
- 750 g reife Tomaten
- 1 große Zwiebel
- 4 Knoblauchzehen
- 6 EL Olivenöl
- 150 ml Gemüsebrühe
- Salz | Pfeffer
- je 1/2 TL getrockneter Oregano und Thymian
- 200 g Schafkäse (Feta)

Zubereitung: 30 Min.
Garzeit: 30 Min.
Pro Portion ca.: 315 kcal

1 | Auberginen waschen, längs vierteln und in Stücke schneiden. Paprika waschen, putzen, in breite Streifen schneiden. Tomaten überbrühen, häuten, entkernen und würfeln. Zwiebel und Knoblauch schälen, hacken.

2 | Auberginen mit Küchenpapier gut trockentupfen. Das Olivenöl erhitzen, die Auberginenstücke bei mittlerer Hitze braun braten. Herausheben. Die Paprikastücke gut anbräunen, herausheben.

3 | Zwiebel und Knoblauch bei mäßiger Hitze in der Pfanne goldgelb braten. Tomaten zugeben und schmoren lassen, bis sie zerfallen. Auberginen und Paprikastücke zugeben, Brühe, Salz, Pfeffer, Oregano und Thymian hinzufügen, bei schwacher Hitze zugedeckt 30 Min. schmoren lassen. Die Hälfte des Schafkäses fein zerdrücken, unter das Gemüse rühren. Gemüsestücke auf Teller verteilen, den restlichen Käse darüber bröckeln und servieren.

von den Kykladen

Zucchini-Kartoffel-Gemüse

Briam me patátes ke kolokidákja

FÜR 4 PERSONEN

- 750 g kleine Kartoffeln
- 800 g kleine Zucchini
- 200 g Okraschoten
- 4 Zwiebeln
- 6 Knoblauchzehen
- 6 EL Olivenöl
- 2 EL gehackte Kräuter (Petersilie, Thymian, Oregano)
- 1 TL Zimtpulver
- Salz | Pfeffer
- 750 g reife Tomaten

Zubereitung: 50 Min.
Pro Portion ca.: 335 kcal

1 | Die Kartoffeln schälen, die Zucchini waschen, beides in dicke Scheiben schneiden. Die Okraschoten waschen.

2 | Zwiebeln und Knoblauch schälen, fein hacken. Das Öl erhitzen, die Zucchini darin bei mittlerer Hitze in etwa 7 Min. braun anbraten. Kartoffeln zugeben und bei mäßiger Hitze 5 Min. mitbraten. Zwiebeln und Knoblauch untermischen und glasig dünsten. Okratschoten, Kräuter, Gewürze und 200 ml Wasser hinzufügen, 20 Min. zugedeckt bei kleiner Hitze schmoren lassen.

3 | Stielansätze der Tomaten entfernen. Tomaten überbrühen, häuten, in Stücke schneiden. Zum Gemüse geben, noch 20 Min. garen.

im Bild vorne: **Zucchini-Kartoffel-Gemüse** *im Bild hinten:* **Gemüse-Bauernteller**

von Chalki | raffiniert

Buntes gefülltes Gemüse

Jemístes ala Maria

FÜR 4 PERSONEN

- 150 g Langkorn-Reis
  Salz
  6 kleine Tomaten
  1 schlanke Aubergine
  1 dicker Zucchino
  1 kleine Möhre
  4 Knoblauchzehen
  4 EL Olivenöl
  2 EL Tomatenmark
  2 EL fein geschnittener Dill
  1 TL Zimtpulver
  Pfeffer | Zucker
  300 ml Gemüsebrühe

Zubereitung: 45 Min.
Garzeit: 45 Min.
- Pro Portion ca.: 275 kcal

1 | Den Reis salzen, mit kochendem Wasser übergießen und etwa 30 Min. quellen lassen, ab und zu umrühren. Die Tomaten waschen. Von 4 Stück einen Deckel abschneiden, aushöhlen (Inneres beiseite stellen), innen salzen und abtropfen lassen.

2 | Die Aubergine waschen. In 5 cm lange Stücke schneiden und einen 1/2 cm dicken »Deckel« so einschneiden, dass er hält. Mit einem Kugelausstecher aushöhlen. 5 Min. in kochendem Salzwasser garen, herausheben und gut abtropfen lassen. Im Wasser gleich die restlichen Tomaten kurz überbrühen, herausheben und häuten.

3 | Den Zucchino waschen. Ein Stück (etwa 4 cm) für die Füllung zur Seite legen. Den Rest in 5 cm lange Stücke schneiden und ebenfalls aushöhlen.

4 | Möhre und Knoblauch schälen, in winzig kleine Würfel schneiden, ebenso das beiseite gelegte Zucchinistück. 2 EL Olivenöl erhitzen, die Gemüsewürfelchen darin bei mäßiger Hitze 5 Min. weich dünsten, aber nicht bräunen.

5 | Die gehäuteten Tomaten und das Innere der ausgehöhlten Tomaten durch ein Sieb streichen oder pürieren und mit dem Tomatenmark verrühren.

6 | Den Reis abtropfen lassen, mit Gemüsewürfeln und Dill verrühren, kräftig mit Zimt, Salz, Pfeffer und einer Prise Zucker würzen. Locker in die Gemüse füllen, mit je 2 EL Tomatenpüree übergießen. Die Gemüsebrühe mit dem restlichen Tomatenpüree verrühren, salzen und pfeffern.

7 | Das restliche Olivenöl in einem Schmortopf erhitzen, die gefüllten Gemüse hineinsetzen, kurz andünsten, Tomatenbrühe angießen. Aufkochen lassen und zugedeckt bei schwacher Hitze 45 Min. garen, bei Bedarf etwas Wasser nachgießen.

8 | Die Tomatensauce eventuell abschmecken, das Gemüse warm oder lauwarm servieren.

TIPP

In Griechenland werden die gefüllten Gemüse oft im Ofen bei 150° etwa 2 Std. gegart. Dann die Füllung aber regelmäßig mit Sauce beträufeln, damit sie nicht trocken wird.

von Rhodos | preiswert

Gegrilltes Gemüse

Tiganita Smyrnéika

FÜR 4 PERSONEN

- **750 g reife Tomaten**
- **1 große Zwiebel**
- **4 Knoblauchzehen**
- **ca. 8 EL Olivenöl**
- **Salz | Pfeffer**
- **1 Prise gemahlener Kreuzkümmel**
- **1 TL Zimtpulver**
- **2 kleine Auberginen**
- **2 Zucchini**
- **8 grüne Spitzpaprika**

Zubereitung: 1 Std.
Pro Portion ca.: 245 kcal

1 | Stielansätze der Tomaten entfernen. Tomaten überbrühen, häuten, entkernen und würfeln. Zwiebel und Knoblauch schälen, sehr fein hacken und in 2 EL Öl bei mäßiger Hitze etwa 7 Min. andünsten. Tomaten zugeben, mit Salz, Pfeffer, Kreuzkümmel und Zimt würzen. Etwa 10 Min. schmoren lassen.

2 | Holzkohlen- oder Elektrogrill anheizen. Das Gemüse waschen. Auberginen und Zucchini längs in 1 cm dicke Scheiben schneiden, diese quer halbieren. Salzen und etwas ziehen lassen.

3 | Auberginen und Zucchini mit Küchenpapier abtrocknen, satt mit Olivenöl einpinseln. Spitzpaprika salzen, mit Öl bestreichen.

4 | Die Spitzpaprika auf dem heißen, geölten Rost bei mittlerer Hitze in etwa 20 Min., die Auberginen- und Zucchinischeiben pro Seite in etwa 10 Min. schön braun grillen. Auf Tellern anrichten, warme Tomatensauce darüber gießen und servieren.

von Alonnisos | schnell

Gefüllter Käse

Tiró jemistó

FÜR 4 PERSONEN

- **4 Scheiben Halloumi-Käse (2–3 cm dick, je 125 g)**
- **2 kleine hellgrüne Paprikaschoten (Dolma)**
- **1 große Tomate**
- **2 Scheiben gekochter Schinken**
- **Pfeffer**
- **Mehl zum Wenden**
- **Sonnenblumenöl zum Ausbacken**
- **2 Zitronen**

Zubereitung: 30 Min.
Pro Portion ca.: 555 kcal

1 | Die Käsescheiben abspülen und mit Küchenpapier abtrocknen. In die Scheiben seitlich eine Tasche für die Füllung einschneiden.

2 | Paprikaschoten waschen, halbieren, putzen und in Streifen schneiden. Stielansatz der Tomate entfernen. Tomate kurz überbrühen, häuten, entkernen und würfeln. Schinken in breite Streifen schneiden. Käse mit Schinken, Paprika und Tomatenwürfeln füllen, pfeffern. Die Öffnung fest zudrücken. Käse in Mehl wenden.

3 | Etwa 2 cm hoch Öl in einer Pfanne erhitzen, die gefüllten Käsescheiben bei mittlerer Hitze auf jeder Seite 5–7 Min. braten, bis sie hellbraun sind. Aus der Pfanne heben, abtropfen lassen und heiß mit Zitronenschnitzen servieren.

im Bild vorne: Gefüllter Käse *im Bild hinten:* Gegrilltes Gemüse ➤

von Kreta | braucht etwas Zeit

Spinatpastete mit Mandeln

Spanakópitta me amígdala

FÜR 4 PERSONEN

➤ **Für den Filloteig:**

- 250 g Mehl und Mehl zum Ausrollen
- 1 Ei | Salz
- 2 TL Pflanzenöl
- 1 TL Essig

➤ **Für die Füllung:**

- 750 g Blattspinat
- 1 Bund Dill
- 3 Zwiebeln
- 2 Knoblauchzehen
- 6 EL Butter
- 75 g gehackte Mandeln
- 3 EL Sahnejoghurt
- je 1/2 TL Zimtpulver und frisch gemahlene Muskatnuss
- Salz | Pfeffer
- 1 Eigelb
- Zitronenachtel zum Garnieren

Zubereitung: 1 Std. 15 Min.
Garzeit: 30 Min.
➤ Pro Portion ca.: 545 kcal

1 | Für den Filloteig das Mehl mit Ei, 1 TL Salz, 1 TL Öl, Essig und knapp 90 ml Wasser zu einem glatten, glänzenden Teig verkneten. Zu einer Kugel formen und mit 1 TL Öl bepinseln. In Folie wickeln und 20 Min. ruhen lassen.

2 | Für die Füllung den Spinat gründlich waschen und verlesen, harte Stiele entfernen. Tropfnass in einem Topf bei starker Hitze zugedeckt in 3 Min. zusammenfallen lassen. In ein Sieb geben, kalt überbrausen. Fest ausdrücken und grob hacken. Dill waschen, trockenschütteln und fein schneiden.

3 | Zwiebeln und Knoblauch schälen, fein hacken. In 2 EL heißer Butter hellbraun braten. Mit Mandeln, Spinat, Dill und Joghurt vermischen, mit Zimt, Muskat, Salz und Pfeffer würzen.

4 | Backofen auf 225° (Umluft 200°) vorheizen. Restliche Butter zerlassen. Teig vierteln, jedes Stück leicht bemehlen und mit der Nudelmaschine (oder mit dem Teigroller) hauchdünn ausrollen, die Hälfte der Teigplatten leicht überlappend zu einer großen Platte zusammenlegen und mit zerlassener Butter bestreichen, mit den anderen Teigplatten bedecken, wieder mit Butter bestreichen. Die Ecken zur Mitte hin einklappen, zu einem Quadrat von 40 x 40 cm ausrollen.

5 | Das Teigquadrat auf ein Backblech mit Backpapier legen, die Füllung in die Mitte geben. Eigelb mit wenigen Tropfen Wasser verquirlen, die Teigränder damit bestreichen. Die Ecken zur Mitte hin zusammenlegen und die Ränder fest zusammendrücken.

6 | Die Pastete mit dem restlichen Eigelb bestreichen und im heißen Ofen (Mitte) 30 Min. backen. Vorsichtig auf eine Platte heben, mit Zitronenachteln servieren.

TIPP

In griechischen Feinkostgeschäften finden Sie auch fertigen Filloteig in Folie. Beim Verarbeiten immer mit etwas Wasser besprühen, er trocknet rasch aus.

Fisch und Meeresfrüchte

Auch an den Küstenregionen des Mittelmeers ist der Fisch zum Luxusartikel geworden. Jedenfalls die begehrten Brassen und Rotbarben. Aber es gibt ja noch Tintenfische und Oktopus, Muscheln und anderes Meeresgetier, das noch preiswert zu haben ist. Und notfalls wird eben wie bei uns zum Tiefkühlfisch gegriffen. Die Zubereitung ist aber die alte geblieben: den Geschmack nicht überdecken, sondern nur behutsam unterstützen. Deshalb sind die meisten griechischen Fischgerichte fast spartanisch, die Würze besteht vor allem aus Zitronensaft, bestem Olivenöl und ein paar frischen Kräutern. Und wenn möglich wird gegrillt, dann genügt fast das Aroma der Holzkohle als Würze.

Blitzrezepte

Muscheln natur

Mídja vrasti

FÜR 4 PERSONEN

➤ **2 kg Miesmuscheln | 4 Zwiebeln | 1 Lorbeerblatt | Salz | 2 Zitronen**

1 | Muscheln gründlich waschen. Zwiebeln schälen und in Scheiben schneiden. Im großen Topf 1/2 l Wasser aufkochen, Zwiebeln und Lorbeer zugeben, salzen und 10 Min. bei starker Hitze kochen lassen. Muscheln in den Sud geben und zugedeckt 5–7 Min. kochen, bis sich die Schalen öffnen, ab und zu durchrühren.

2 | Muscheln samt Zwiebeln mit einer Schaumkelle auf tiefe Teller verteilen. Die Zitronen vierteln und zum Beträufeln der Muscheln dazulegen.

Gebratene Brassen

Tsipóura tigána

FÜR 4 PERSONEN

➤ **4 kleine Meerbrassen (wahlweise andere Brassen; je 300 g) | Salz | Pfeffer | 4 Thymianzweige | 4 EL Mehl | 6 EL Olivenöl | Zitronenachtel zum Garnieren**

1 | Brassen waschen, auf beiden Seiten längs entlang der Mittelgräte einschneiden. Salzen und pfeffern. Thymianzweige waschen, in die Bauchhöhlen stecken. Fische in Mehl wenden.

2 | Olivenöl in einer großen Pfanne erhitzen. Die Fische bei mittlerer Hitze pro Seite 7–10 Min. braten, bis sie knusprig sind, ab und zu mit Bratöl beträufeln. Mit Zitronenachteln garniert servieren.

von den Sporaden

Garnelen mit Bulgur

Garídes saganáki

FÜR 4 PERSONEN

- 400 g geschälte kleine Garnelen (Shrimps, auch tiefgekühlt)
- 700 g reife Tomaten
- 2 Frühlingszwiebeln
- 3 Knoblauchzehen
- 2 hellgrüne Paprikaschoten (Spitzpaprika oder Dolma)
- 1 Bund gemischte Kräuter (Petersilie, Dill, Oregano, Thymian, Minze)
- 3 EL Olivenöl »extra nativ«
- 200 ml trockener Weißwein (ersatzweise Gemüsebrühe)
- 100 g Schafkäse (Feta)
- 3 EL Bulgur
- Salz | Pfeffer

Zubereitung: 50 Min.

Pro Portion ca.: 290 kcal

1 | Garnelen abbrausen, abtropfen lassen. Stielansätze der Tomaten entfernen. Tomaten überbrühen, häuten, entkernen und würfeln. Frühlingszwiebeln waschen, den hellen Teil klein würfeln, grünen Teil in Ringe schneiden. Knoblauch schälen und fein hacken. Paprikaschoten waschen, putzen und in Streifen schneiden. Kräuter waschen, die Blättchen hacken.

2 | Öl erhitzen, Frühlingszwiebeln und Knoblauch bei mäßiger Hitze darin hellgelb dünsten. Paprikastreifen und Tomaten zugeben, 10 Min. schmoren, bis die Tomaten zerfallen. Weißwein, 150 ml Wasser und die Kräuter einrühren, offen 10 Min. köcheln lassen. Schafkäse zerdrücken, mit dem Bulgur in die Sauce rühren. Salzen und pfeffern, weitere 5 Min. köcheln lassen.

3 | Garnelen einrühren, 2–3 Min. erhitzen. Mit den grünen Frühlingszwiebelringen bestreuen und servieren.

originell | würzig

Tintenfisch-Gíros

Kalamarákja gíros

FÜR 4 PERSONEN

- 1 kg große Kalmare (Tintenfische)
- Salz | 1 Zwiebel
- 2 Knoblauchzehen
- je 1/2 TL getrockneter Oregano, Thymian, Paprikapulver und grob gemahlener schwarzer Pfeffer
- 6 EL Olivenöl
- 2 EL gehackte Petersilie

Zubereitung: 30 Min.

Marinierzeit: 2 Std.

Pro Portion ca.: 290 kcal

1 | Tintenfische putzen, in Salzwasser 5 Min. überbrühen. In ein Sieb abgießen, abtropfen lassen. Die Körper in Streifen schneiden, Kopfteile putzen und längs halbieren.

2 | Zwiebel und Knoblauch schälen, in Stücke schneiden und fein pürieren. Mit Oregano, Thymian, Paprika, Salz, Pfeffer und 2 EL Olivenöl verrühren. Tintenfisch untermischen, zugedeckt im Kühlschrank mindestens 2 Std. marinieren.

3 | Tintenfisch abtropfen lassen, mit Küchenpapier gut abtrocknen. Im restlichen Öl in einer Pfanne bei starker Hitze und unter Wenden etwa 5 Min. braten, bis die Stücke am Rand gebräunt sind. Mit Petersilie bestreut servieren.

im Bild vorne: **Tintenfisch-Gíros** *im Bild hinten:* **Garnelen mit Bulgur**

ΑΝΤΑΛΗ
1890
ΕΛΛΑΣ

gelingt leicht

Oktopus vom Grill

Ochtapódi sti skára

FÜR 4 PERSONEN

- **1 großer Oktopus (Krake, 1 kg)**
- **1/2 l trockener Weißwein (ersatzweise Gemüsebrühe)**
- **grobes Meersalz**
- **je 1/2 TL getrockneter Thymian und Oregano**
- **2 Knoblauchzehen**
- **Pfeffer**
- **100 ml Olivenöl**
- **2 Zitronen**

Zubereitung: 40 Min.
Abkühlzeit: 4 Std.
Pro Portion ca.: 390 kcal

1 | Oktopus waschen, in einem Topf mit Wein und so viel Wasser aufsetzen, dass er gut bedeckt ist. Salzen und aufkochen lassen, 10–15 Min. leise köcheln lassen. Im Sud abkühlen lassen (etwa 4 Std.).

2 | Oktopus abtropfen lassen. Die Fangarme abschneiden, dicke Stücke verwenden (Rest für das nächste Rezept nehmen).

3 | Thymian, Oregano, Salz und geschälten Knoblauch im Mörser zerreiben. Pfeffern und mit Olivenöl (1 EL für das Grillgitter beiseite stellen) verquirlen. Fangarme mit etwas Marinade bestreichen.

4 | Holzkohlengrill anheizen (oder Grillpfanne erhitzen). Grillgitter mit dem restlichen Öl bestreichen und den Oktopus bei mittlerer Hitze rundum in etwa 10 Min. bräunen, ab und zu mit Knoblauchöl bestreichen. In Stücke schneiden und auf Tellern anrichten. Mit restlichem Knoblauchöl beträufeln und mit geviertelten Zitronen servieren.

von Kefalonia

Oktopus mit Nudeln

Ochtapódi me koftó makaronáki

FÜR 4 PERSONEN

- **500 g vorgegarter Oktopus**
- **600 g reife Tomaten**
- **3 Zwiebeln**
- **4 Knoblauchzehen**
- **6 EL Olivenöl »extra nativ«**
- **100 ml trockener Weißwein (ersatzweise Gemüsebrühe)**
- **1 TL getrockneter Oregano**
- **Salz | Pfeffer**
- **1 Prise Cayennepfeffer**
- **400 g kurze Röhrennudeln (z. B. italienische Ditali)**
- **2 EL gehackte Petersilie**

Zubereitung: 50 Min.
Pro Portion ca.: 620 kcal

1 | Oktopus in Stücke schneiden. Stielansätze der Tomaten entfernen. Tomaten kurz überbrühen, häuten, entkernen und würfeln.

2 | Zwiebeln und Knoblauch schälen, fein hacken. Bei mäßiger Hitze in etwa 7 Min. im Öl goldgelb dünsten. Oktopus zugeben und kurz anschmoren. Tomaten einrühren, 5 Min. garen. Wein angießen, mit Oregano, Salz, Pfeffer und Cayennepfeffer würzen. Zugedeckt bei schwacher Hitze 20 Min. schmoren lassen.

3 | Die Nudeln sehr bissfest kochen, abgießen. Unter die Sauce mischen und offen 10 Min. ziehen lassen. Auf Teller verteilen und mit Petersilie bestreuen.

im Bild vorne: Oktopus vom Grill *im Bild hinten:* Oktopus mit Nudeln ➤

Klassiker | schnell

Schwertfisch-Spieße

Xifías suvláki

FÜR 4 PERSONEN

- **750 g Schwertfischfilet (ersatzweise Tunfischfilet; tiefgekühlt)**
- **3 Knoblauchzehen**
- **Salz**
- **2 EL Zitronensaft**
- **5 EL Olivenöl und Öl zum Bestreichen**
- **1 TL getrockneter Oregano**
- **5 kleine rote Zwiebeln**
- **6 kleine rote Tomatenpaprika (ersatzweise 2 große Schoten)**
- **Pfeffer**
- **4 kleine rundliche Zucchini**
- **4 lange Metallspieße**

Zubereitung: 30 Min.
Garzeit: 20 Min.
Marinierzeit: 1 Std.
Pro Portion ca.: 585 kcal

1 | Fischfilet in Würfel schneiden. Knoblauch schälen, mit etwas Salz im Mörser zerreiben. Mit Zitronensaft, 3 EL Öl und Oregano verrühren. Fischwürfel damit beträufeln, zugedeckt 1 Std. kalt stellen.

2 | Holzkohlengrill anheizen. Zwiebeln schälen und vierteln. Paprikaschoten waschen, putzen und halbieren. Spieße ölen, abwechselnd Fisch, Zwiebeln und Paprika aufspießen. Salzen, pfeffern und mit Öl bestreichen. Zucchini längs halbieren, salzen, mit übrigem Olivenöl bestreichen.

3 | Auf dem heißen geölten Grillgitter Zucchini etwa 10 Min. pro Seite, Spieße rundum in 12–15 Min. gut bräunen, öfter mit Öl bestreichen.

von Korfu | würzig

Pikanter Schmorfisch

Bianko

FÜR 4 PERSONEN

- **8 Fischkoteletts (Seehecht, Seelachs; etwa 750 g)**
- **2 EL Zitronensaft**
- **Salz | Pfeffer**
- **200 g reife Tomaten**
- **6 mittelgroße Kartoffeln**
- **2 kleine Möhren**
- **4 Knoblauchzehen**
- **1 kleine Zwiebel**
- **Mehl zum Wenden**
- **4 EL Olivenöl**
- **grober Pfeffer**
- **1 Prise gemahlene Chilis**
- **150 ml Weißwein (ersatzweise Brühe)**
- **1 EL gehackte Petersilie**

Zubereitung: 1 Std.
Pro Portion ca.: 345 kcal

1 | Fischkoteletts mit 1 EL Zitronensaft beträufeln, salzen und pfeffern. Tomaten häuten, entkernen, würfeln. Kartoffeln schälen, längs halbieren. Möhren und Knoblauch schälen, in dünne Scheiben schneiden. Zwiebel schälen und fein hacken.

2 | Fischkoteletts in Mehl wenden, 1–2 Min. pro Seite im heißen Öl anbraten, herausheben. Zwiebel und Knoblauch im Öl hell andünsten. Kartoffeln, Möhren und gut 250 ml Wasser dazugeben. Mit Salz, viel grobem Pfeffer und Chili scharf-pikant würzen. Zugedeckt 15 Min. köcheln lassen. Wein zugießen, offen 5 Min. einkochen lassen. Fisch und Tomaten zugeben, zugedeckt 5–7 Min. ziehen lassen. Mit Salz und Zitronensaft abschmecken, mit Petersilie bestreuen.

im Bild vorne: Pikanter Schmorfisch *im Bild hinten:* Schwertfisch-Spieße

von Kreta | preiswert

Fischsuppe in zwei Gängen

Psarósupa

FÜR 4 PERSONEN

- **1 kg Kochfisch (z. B. Rotbarsch, Kabeljau, Schellfisch; küchenfertig, ohne Kopf)**
- **Salz**
- **4 EL Zitronensaft**
- **500 g kleine fest kochende Kartoffeln**
- **4 Möhren**
- **4 Stangen Staudensellerie**
- **2 Zwiebeln**
- **2 Knoblauchzehen**
- **4 kleine Tomaten**
- **3 EL Olivenöl**
- **125 g Langkornreis**
- **weißer Pfeffer**

Zubereitung: 1 Std.

➤ Pro Portion ca.: 460 kcal

1 | Fisch waschen und in 4 Portionsstücke schneiden. Salzen, mit 2 EL Zitronensaft beträufeln und zugedeckt in den Kühlschrank stellen.

2 | Kartoffeln und Möhren waschen, schälen. Kleine Kartoffeln ganz lassen, größere längs halbieren. Die Möhren längs halbieren, in 5 cm lange Stücke schneiden. Staudensellerie waschen, putzen und eventuell entfädeln, die Blättchen beiseite legen. Die Stangen in 5 cm lange Stücke schneiden. Zwiebeln und Knoblauch schälen, in dicke Scheiben schneiden. Tomaten waschen und die Stielansätze entfernen.

3 | Das vorbereitete Gemüse in einen großen Topf geben, etwa 1 1/2 l Wasser und das Olivenöl zugießen, salzen und aufkochen lassen. Zugedeckt bei schwacher Hitze etwa 25 Min. köcheln lassen, bis das Gemüse fast gar ist. Die Fischstücke einlegen, 10 Min. ziehen, aber nicht kochen lassen.

4 | Backofen auf 75° (Umluft 60°) vorheizen. Mit einem Schaumlöffel die Fischstücke vorsichtig aus der Brühe auf eine Servierplatte heben, die Gemüsestücke herausheben und darum herum verteilen. Alles mit Brühe beträufeln, mit Alufolie abdecken und im Ofen warm halten.

5 | Brühe durch ein Sieb gießen (oder im Topf pürieren) und erneut aufkochen. Reis einstreuen und offen bei mittlerer Hitze etwa 15 Min. köcheln lassen, bis der Reis gar ist. Sellerieblättchen hacken. Die Suppe mit Salz, Pfeffer und dem restlichen Zitronensaft abschmecken, mit Sellerieblättchen bestreut als ersten Gang servieren. Danach die Platte mit Fisch und Gemüse auftragen. Als Beilage Weißbrot reichen.

➤ VARIANTE:

Suppe mit Ei und Zitrone *(Súpa awgolemono)*

Zum Binden der Suppe 2 Eier mit 5 EL Zitronensaft verquirlen, nach und nach 1 Tasse heiße Brühe unterrühren. Die Mischung in die heiße Suppe quirlen und unter Rühren erhitzen, bis die Eiermischung dicklich wird (nicht kochen lassen, sonst gerinnt sie!).

Fleischgerichte

Hackfleischgerichte und Fleischspießchen vom Grill, die Suvláki, stehen auf jeder griechischen Speisekarte. Doch die Küchen haben mehr zu bieten. Das Angebot an fachgerecht zerlegtem Fleisch ist heute viel besser als früher und so kann damit auch fantasievoller umgegangen werden. Die Portionen sind, nach Vorspeisen und Salat, eher klein und, da die Griechen Saucen mögen, wird lieber geschmort als gebraten. Im grünen Norden sind Rind und Kalb, im Süden und auf den Inseln Lamm und Hähnchen sehr beliebt, aber auch Schweinefleisch, das König Otto von Bayern dem Volk schmackhaft machte. Und bei Innereien, vor allem vom Lamm, kann kein Grieche widerstehen.

Blitzrezepte

Koteletts in Wein

Chirines brisóles krasates

FÜR 4 PERSONEN

- **4 Schweinekoteletts (je 200 g) 3 EL Olivenöl | je 1/2 TL Oregano und Pfeffer | 2 Zwiebeln | Salz 350 ml trockener Weißwein**

1 | Koteletts mit Küchenpapier abtrocknen. 2 EL Öl mit Oregano und Pfeffer vermischen, Koteletts damit bestreichen.

2 | Zwiebeln schälen, in Scheiben schneiden. Eine Pfanne erhitzen, die Koteletts darin 5 Min. pro Seite braten. Herausnehmen und salzen. Zwiebeln im restlichen Öl goldgelb braten. Wein angießen, 5 Min. einkochen lassen. Koteletts zurückgeben, zugedeckt bei schwacher Hitze 15 Min. ziehen lassen, zwischendurch wenden.

Lammspießchen

Suvláki arnisio

FÜR 4 PERSONEN

- **800 g Lammfleisch (Lende) 5 Wacholderbeeren | 3 EL Zitronensaft 6 EL Olivenöl und Öl für die Spieße Salz | lange Metallspieße**

1 | Lammfleisch in 2 cm dicke Scheiben schneiden. Wacholder zerdrücken, mit Zitronensaft und Olivenöl verrühren, Lammscheiben darin wenden, zugedeckt 2–3 Std. im Kühlschrank marinieren.

2 | Grill anheizen. Fleisch aus der Marinade heben, die Scheiben flach auf geölte Spieße reihen. Auf dem Grillrost (oder in der Grillpfanne) bei starker Hitze pro Seite in 5–6 Min. knusprig braun grillen, dabei mit Marinade bestreichen. Salzen.

von Tilos | preiswert

Leber auf Tomaten-Nudeln

Sikóti me chilopíttes

FÜR 4 PERSONEN

- 750 g reife Tomaten
- 2 Knoblauchzehen
- 500 g Leber (Lamm-, Kaninchen- oder Putenleber)
- 2 Zwiebeln
- 1 Bund Dill
- 2 EL Olivenöl »extra nativ«
- 1 EL Butter
- ca. 2 EL Mehl
- Salz | Pfeffer
- 350 g Chilopíttes (kleine Nudelplättchen, ersatzweise Bandnudeln)

Zubereitung: 45 Min.
Pro Portion ca.: 570 kcal

1 | Tomaten kurz überbrühen, häuten und entkernen, durch ein Passiersieb streichen oder pürieren. Knoblauch schälen und dazupressen.

2 | Leber abspülen und mit Küchenpapier abtrocknen, in Stücke schneiden. Zwiebeln schälen und in Streifen schneiden. Dill waschen und samt den zarten Stielen klein schneiden.

3 | Öl mit Butter erhitzen, Zwiebeln bei mittlerer Hitze 5 Min. anbraten. Leberstücke mit Mehl bestäuben, zugeben und leicht anbräunen. Dill und Tomatenpüree hinzufügen, salzen und pfeffern. Offen bei schwacher Hitze etwa 10 Min. ziehen lassen.

4 | Nudeln in reichlich Salzwasser bissfest kochen, abgießen. Leber aus der Sauce heben, Nudeln mit der Sauce mischen. Auf Teller verteilen, Leber darauf anrichten.

von Korfu | würzig

Hackklößchen mit Minze

Keftédes me ménta

FÜR 4 PERSONEN

- 400 g Schweinehackfleisch
- 1 Ei
- 1 große Zwiebel
- 2 Knoblauchzehen
- 2 Zweige frische Minze
- ca. 4 EL Semmelbrösel
- Salz | Pfeffer
- 750 g Tomaten
- 1 EL Tomatenmark
- 2 EL Olivenöl
- 1 TL Zimtpulver

Zubereitung: 45 Min.
Pro Portion ca.: 225 kcal

1 | Hackfleisch mit Ei mischen. Zwiebel und Knoblauch schälen, 1/2 Zwiebel auf einer Gemüsereibe zum Hack reiben, die Hälfte des Knoblauchs dazupressen. Minze waschen, Blättchen fein hacken und mit so viel Semmelbrösel untermischen, dass eine formbare Masse entsteht. Salzen, pfeffern und durchkneten, kühl stellen.

2 | Tomaten waschen, Stielansätze entfernen und entkernen. Mit restlicher Zwiebel und restlichem Knoblauch glatt pürieren und mit Tomatenmark verrühren.

3 | Aus dem Hack ungefähr 40 kleine Bällchen formen. Im heißen Öl bei mäßiger Hitze 10 Min. anbraten. Tomatenpüree darüber gießen, aufkochen lassen, mit Zimt, Salz und Pfeffer abschmecken. Zugedeckt etwa 10 Min. ziehen lassen.

im Bild vorne: Leber auf Tomaten-Nudeln *im Bild hinten:* Hackklößchen mit Minze ➤

TSANTALI
SINCE 1890
OUZO

vom Peloponnes

Spitzbuben-Lamm

Kléftikó tis stámnas

FÜR 4 PERSONEN

- 400 g mageres Lammfleisch (Lende, Keule)
- 500 g Tomaten
- 400 g fest kochende Kartoffeln
- 2 Zwiebeln
- 4 Knoblauchzehen
- 4 Zweige Petersilie
- 3 EL Butter
- 1 TL getrockneter Oregano
- Salz | Pfeffer
- 150 g Schafkäse (Feta)
- Fett für die Förmchen
- 4 Tontöpfchen

Zubereitung: 30 Min.
Garzeit: 30 Min.
Pro Portion ca.: 340 kcal

1 | Lammfleisch in kleine Stücke schneiden. Stielansätze der Tomaten entfernen. Tomaten überbrühen, häuten, entkernen und würfeln. Kartoffeln schälen, in Stücke schneiden. Zwiebeln und Knoblauch schälen, grob würfeln. Petersilie waschen, die Blättchen grob hacken.

2 | Im Schmortopf Butter erhitzen, Fleisch rundum anbraten, herausheben. Zwiebeln und Knoblauch goldgelb anbraten, Kartoffeln, Fleisch, Tomaten und 50 ml Wasser zugeben. Mit Petersilie, Oregano, Salz und Pfeffer würzen. Zugedeckt bei schwacher Hitze 30 Min. schmoren.

3 | Backofen auf 225° (Umluft 200°) vorheizen. 4 Portions-Tontöpfchen fetten. Ragout auf die Tontöpfchen verteilen. Feta würfeln und darüber streuen. Mit Alufolie abdecken und im heißen Ofen (Mitte) 20 Min. backen. Heiß servieren.

raffiniert

Lammkoteletts aus der Folie

Arnáki palikari

FÜR 4 PERSONEN

- 4 große, über 2 Rippen geschnittene Lammkoteletts (Chops mit Filet)
- 5 EL Olivenöl »extra nativ«
- 2 reife Tomaten
- 2 Frühlingszwiebeln
- 2 Knoblauchzehen
- Salz | Pfeffer
- 1 TL getrockneter Oregano
- 50 g geriebener Hartkäse (Kefalotíri, Parmesan)

Zubereitung: 30 Min.
Garzeit: 35 Min.
Pro Portion ca.: 735 kcal

1 | Koteletts abtrocknen, mit etwas Öl einreiben. In einer Pfanne bei mittlerer Hitze pro Seite etwa 3 Min. braten.

2 | Backofen auf 200° (Umluft 180°) vorheizen. 4 Stücke Alufolie (30 x 30 cm) auf der glänzenden Seite mit etwas Öl bestreichen, Koteletts auf die Folie legen. Stielansätze der Tomaten entfernen. Tomaten überbrühen, häuten und in Scheiben schneiden, darauf legen. Frühlingszwiebeln waschen, in dünne Scheibchen schneiden, darüber streuen. Knoblauch schälen und darauf pressen. Mit Salz, Pfeffer und Oregano würzen, Käse darüber streuen und mit restlichem Olivenöl beträufeln.

3 | Die Folien verschließen, die Päckchen im heißen Ofen (Mitte) etwa 35 Min. backen. Die Lammkoteletts in der Folie servieren.

im Bild vorne: Spitzbuben-Lamm *im Bild hinten:* Lammkoteletts aus der Folie ➤

braucht etwas Zeit

Hähnchen mit Okra

Kotópulo mé bamjés

FÜR 4 PERSONEN

- 4 große Hähnchenschenkel (1 kg)
- 700 g reife Tomaten
- 2 Zwiebeln
- 2 Knoblauchzehen
- 2 EL Olivenöl
- Salz | Pfeffer
- 1 TL getrockneter Oregano
- 250 g Okraschoten
- 8 EL Zitronensaft
- 1 TL Zimtpulver
- 2 EL gehackte Petersilie

Zubereitung: 35 Min.
Garzeit: 1 Std.
Pro Portion ca.: 310 kcal

1 | Hähnchenschenkel durch das Gelenk halbieren, waschen und abtrocknen. Stielansätze der Tomaten entfernen. Tomaten überbrühen, häuten, entkernen, würfeln.

2 | Zwiebeln und Knoblauch schälen, fein hacken. Öl erhitzen, die Hähnchenstücke 10 Min. rundum anbräunen. Zwiebeln und Knoblauch kurz andünsten. Tomaten unterrühren, 5 Min. mitschmoren. Wenig Wasser angießen, mit Salz, Pfeffer und Oregano würzen. Zugedeckt 30 Min. schmoren lassen.

3 | Währenddessen Okraschoten waschen, Stielenden anspitzen, an einer Seite anritzen. 20 Min. in Wasser mit 4 EL Zitronensaft legen. Abgetropft zum Fleisch geben, restlichen Zitronensaft und etwas Wasser zugießen. Mit Zimt würzen. Zugedeckt bei schwacher Hitze 30 Min. garen. Mit Petersilie bestreuen.

von Korfu | würzig

Schweinegulasch mit Pilzen

Békri méze

FÜR 4 PERSONEN

- 2 grüne Paprikaschoten
- 200 g Champignons
- 2 Zwiebeln
- 2 Knoblauchzehen
- 3 EL Olivenöl »extra nativ«
- 600 g Schweinegulasch
- 1 EL Mehl
- 200 ml Weißwein (ersatzweise Gemüsebrühe)
- 500 g mittelgroße fest kochende Kartoffeln
- Salz | Pfeffer
- 2 TL edelsüßes Paprikapulver
- je 1 TL getrockneter Oregano und Thymian
- 1 Prise Cayennepfeffer
- 100 g Schafkäse (Feta)

Zubereitung: 30 Min.
Garzeit: 1 Std.
Pro Portion ca.: 435 kcal

1 | Paprikaschoten waschen, putzen, in Streifen schneiden. Pilze putzen, in Scheiben schneiden. Zwiebeln und Knoblauch schälen, hacken.

2 | Olivenöl erhitzen. Fleisch mit Mehl bestäuben, bei mittlerer Hitze etwa 5 Min. anbraten. Zwiebeln und Knoblauch zugeben, 2–3 Min. mitbraten. Pilze hinzufügen, durchrühren. Wein und 300 ml Wasser angießen, aufkochen lassen.

3 | Kartoffeln schälen, vierteln und dazugeben. Mit Salz, Pfeffer, Paprika, Oregano, Thymian und Cayennepfeffer würzen. Zugedeckt bei schwacher Hitze 1 Std. garen. Mit zerbröckeltem Feta bestreuen.

im Bild vorne: Schweinegulasch mit Pilzen *im Bild hinten:* Hähnchen mit Okra

aus Makedonien

Wildschwein-Stifádo

Agrióchiros stifádo

FÜR 4 PERSONEN

- 600 g Wildschweinfleisch ohne Knochen (Keule, ersatzweise Lammfleisch)
- 2 Bunde Frühlingszwiebeln mit dicken Knollen (ersatzweise 350 g sehr kleine Zwiebeln)
- 5 Knoblauchzehen
- 3 EL Olivenöl
- 2 EL Weißweinessig
- 2 Lorbeerblätter
- 2 Zimtstangen
- 1 TL Pfefferkörner
- Salz
- 350 g reife Tomaten
- 2 EL gehackte Petersilie

Zubereitung: 30 Min.
Garzeit: 1 Std. 45 Min.
Pro Portion ca.: 315 kcal

1 | Fleisch in große Stücke schneiden. Zwiebelknollen abtrennen und waschen (Grün anderweitig verwenden). 1 Zwiebel klein würfeln, die übrigen ganz lassen. Knoblauch schälen und in Stücke schneiden.

2 | Öl erhitzen, das Fleisch portionsweise 3–4 Min. pro Seite anbraten, herausheben. Gehackte Zwiebel und Knoblauch bei mäßiger Hitze etwa 5 Min. dünsten. Fleisch zugeben, Essig angießen und einkochen lassen. Die Gewürze zugeben, etwa 100 ml Wasser angießen, salzen und zugedeckt 1 Std. schmoren lassen.

3 | Ganze Zwiebeln in einen Topf geben, mit Wasser bedecken, salzen und 10 Min. kochen. Tomaten waschen, Stielansätze entfernen, entkernen und fein pürieren.

4 | Zwiebeln abtropfen lassen, mit dem Tomatenpüree zum Fleisch geben. Weitere 30–45 Min. schmoren. Mit Petersilie bestreut servieren.

von Korfu | raffiniert

Tafelspitz in Weinsauce

Sofrito

FÜR 4 PERSONEN

- Salz
- 1 TL Pfefferkörner
- 1 Lorbeerblatt
- 750 g Rindfleisch (aus der Keule, Tafelspitz)
- 2 Zwiebeln
- 4 Knoblauchzehen
- 3 EL Butter
- 2 EL Mehl
- 250 ml trockener Weißwein
- 2 EL gehackte Petersilie
- 1 EL Weißweinessig
- weißer Pfeffer

Zubereitung: 35 Min.
Garzeit: 2 Std.
Pro Portion ca.: 315 kcal

1 | 1 l Wasser mit Salz, Pfeffer und Lorbeer aufkochen. Fleisch einlegen, aufkochen lassen, abschäumen. Bei schwacher Hitze zugedeckt in 1 Std. 30 Min. gar ziehen, dann 30 Min. in der Brühe abkühlen lassen.

2 | Zwiebeln und Knoblauch schälen, fein hacken. In der Butter 7 Min. glasig dünsten. Mehl darüber streuen, unter Rühren 2–3 Min. andünsten. 350 ml Kochbrühe und Wein aufgießen, 5 Min. köcheln lassen. Mit Petersilie, Essig, Salz und Pfeffer würzen. Fleisch in dünne Scheiben schneiden. In der Sauce noch 5 Min. ziehen lassen.

im Bild vorne: Wildschwein-Stifádo *im Bild hinten:* Tafelspitz in Weinsauce ➤

Zum Gebrauch

Damit Sie Rezepte mit bestimmten Zutaten noch schneller finden können, stehen in diesem Register zusätzlich auch beliebte Zutaten wie Auberginen oder Tomaten – ebenfalls alphabetisch geordnet und **halbfett** gedruckt – über den entsprechenden Rezepten.

A

B

D/F

G

H

J/K

L

Der Autor

Nach dem Geografiestudium machte **Reinhardt Hess** sein Hobby zum Beruf und wurde Journalist für Essen und Wein. Das Handwerk lernte er bei der größten deutschen Zeitschrift für Essen und Trinken, danach arbeitete er bei Kochbuchverlagen. Seit über 10 Jahren ist er freier Autor und hat mehr als 40 Koch- und Weinbücher geschrieben oder daran mitgearbeitet, fünf davon wurden mit der Silbermedaille der Gastronomischen Akademie ausgezeichnet.
Die griechische Küche liegt ihm besonders am Herzen, seit vielen Jahren besucht er Land und Leute, sammelt Rezepte und probiert sie zu Hause so lange aus, bis sie so schmecken, wie er sie kennen gelernt hat.

Der Fotograf

Rolf Seiffe gehört zu den renommiertesten Foodfotografen in der Verlags- und Werbebranche. Unter dem Motto »Foodfotografie at it's best« bringt er jedes Sujet mit Freude am Detail und spielerischem Know-how auf den Punkt. Zusammen mit dem Koch und Foodspezialisten **Christian Splettstösser** machte er die Bilder für dieses Buch.

Bildnachweis

Titelbild: Jörn Rynio, Hamburg
S. 6: Foodfotografie Teubner, Füssen
alle anderen: Rolf Seiffe, Hamburg

Gedruckt auf Primasilk 130 g/qm holzfrei matt gestrichen Bilderdruck, made by StoraEnso, geliefert von der Papier Union

Programmleitung:
Doris Birk
Leitende Redakteurin:
Birgit Rademacker
Redaktion:
Stefanie Poziombka
Lektorat: Margit Proebst
Korrektorat: Susanne Elbert
Layout, Typografie und Umschlaggestaltung:
Independent Medien Design, München
Satz:
Verlagssatz Lingner
Herstellung:
Gloria Pall
Reproduktion:
Repro Ludwig, Zell am See
Druck und Bindung:
Kaufmann, Lahr

ISBN 3-7742-6332-9

Auflage	5.	4.	3.	2.	1.
Jahr	2008	07	06	05	04

GRÄFE UND UNZER

Ein Unternehmen der
GANSKE VERLAGSGRUPPE

Das Original mit Garantie

Ihre Meinung ist uns wichtig. Deshalb möchten wir Ihre Kritik, gerne aber auch Ihr Lob erfahren. Um als führender Ratgeberverlag für Sie noch besser zu werden. Darum: Schreiben Sie uns! Wir freuen uns auf Ihre Post und wünschen Ihnen viel Spaß mit Ihrem GU-Ratgeber.

Unsere Garantie: Sollte ein GU-Ratgeber einmal einen Fehler enthalten, schicken Sie uns das Buch mit einem kleinen Hinweis und der Quittung innerhalb von sechs Monaten nach dem Kauf zurück. Wir tauschen Ihnen den GU-Ratgeber gegen einen anderen zum gleichen oder ähnlichen Thema um.

Ihr Gräfe und Unzer Verlag
Redaktion Kochen
Postfach 86 03 25
81630 München
Fax: 089/41981-113
e-mail: leserservice@graefe-und-unzer.de

GU KÜCHENRATGEBER

Neue Rezepte für den großen Kochspaß

ISBN 3-7742-4895-8

ISBN 3-7742-1915-X

ISBN 3-7742-6060-5

ISBN 3-7742-4899-0

ISBN 3-7742-6336-1

ISBN 3-7742-6339-6

64 Seiten, 6,90 € [D]

Das macht die GU Küchenratgeber zu etwas Besonderem:

- *Rezepte mit maximal 10 Hauptzutaten*
- *Blitzrezepte in jedem Kapitel*
- *alle Rezepte getestet*
- *Geling-Garantie durch die 10 GU-Erfolgstipps*

GU

Gutgemacht. Gutgelaunt.

GEDULD UND MÄSSIGE HITZE

- Griechische Gerichte brauchen Zeit. Anbraten, Schmoren und Garen muss langsam geschehen, damit sich das Aroma entwickeln kann.
- Meist wird bei viel niedrigerer Temperatur gegart als bei uns: anbraten bei stärkerer Hitze, bei schwacher Hitze fertig garen.
- Die richtige Temperatur zum Anschmoren in Öl bei »mäßiger Hitze«: Der Topfinhalt darf nur leise rauschen, nie scharf brutzeln.

Geling-Garantie für Griechisch kochen

FISCHE & MEERESFRÜCHTE

- Bei Fischen sind klare Augen, leuchtend rote Kiemen und eine straffe, feucht glänzende Haut Kennzeichen für Frische.
- Muscheln müssen frisch nach Meer riechen. Offene, die sich auch beim Antippen nicht schließen, wegwerfen. Muscheln, die sich beim Garen nicht öffnen, können ebenfalls verdorben sein.

GEWÜRZE

- Gewürze werden meist sparsam eingesetzt, Ausnahme: Knoblauch und Oregano.
- Zum Abschmecken: je 1 TL schwarze Pfeffer-, Koriander- und Pimentkörner und 1/2 TL Kreuzkümmel mit einer Gewürzmühle über das fertige Gericht mahlen und unterrühren.
- Schmorgerichte mit Tomaten werden oft mit Zimt gewürzt.

KRÄUTER & KNOBLAUCH

- Petersilie, Dill und Minze werden oft, reichlich und immer frisch verwendet. Oregano, Thymian und Rosmarin sind dagegen (vor allem bei uns) getrocknet noch aromatischer.
- Ähnlich wie Dill würzen die zarten Stängel des Gewürzfenchels.
- Knoblauch gehört an jedes Schmorgericht. Sanft andünsten, sonst wird er bitter.